कहीं कोई दरवाज़ा

कहीं कोई दरवाज़ा

अशोक वाजपेयी

राजकमल प्रकाशन

ISBN : 978-81-267-2408-6

मूल्य : ₹ 300

पहला संस्करण : 2013
दूसरा संस्करण : 2016

प्रकाशक : राजकमल प्रकाशन प्रा. लि.
1-बी, नेताजी सुभाष मार्ग, दरियागंज
नई दिल्ली-110 002

शाखाएँ : अशोक राजपथ, साइंस कॉलेज के सामने, पटना-800 006
पहली मंज़िल, दरबारी बिल्डिंग, महात्मा गांधी मार्ग, इलाहाबाद-211 001
36 ए, शेक्सपियर सरणी, कोलकाता-700 017

वेबसाइट : www.rajkamalprakashan.com
ई-मेल : info@rajkamalprakashan.com

मुद्रक : बी.के. ऑफसेट
नवीन शाहदरा, दिल्ली-110 032

KAHIN KOI DARVAZA
Poems by Ashok Vajpeyi

दस्तक

अच्छी–बुरी कविता लिखते एक अधसदी से अधिक का समय हो गया है। पहला कविता–संग्रह 1966 में प्रकाशित हुआ था और यह चौदहवाँ 2013 में आ रहा है। हालाँकि कविता को लेकर उत्साह और उम्मीद में कोई कमी नहीं हुई है, कविता लिखने की रफ़्तार कुछ धीमी पड़ गई है जो ठीक ही है।

इस संग्रह की अधिकांश कविताएँ फ्रांस के एक शहर नान्त में लिखी गई हैं। वहाँ के उच्च शिक्षा संस्थान ने वहाँ रहकर काम करने की सुविधा लगभग दो महीनों के लिए दी थी। लोआर नदी के किनारे बसे इस सुरम्य संस्थान में कुछ सर्जनात्मक और वैचारिक काम करने का विलक्षण शान्त परिवेश है। इरादा तो कबीर और ग़ालिब पर आगे कुछ काम कर अपनी विलम्बित पुस्तक पूरी करने का था। लेकिन उस दिशा में विशेष प्रगति नहीं हो पाई। थोड़ा–बहुत काम तो हुआ पर एकान्त का लाभ उठाकर लगभग पैंतालीस कविताएँ लिख सका। वे सब इस संग्रह में एकत्र हैं : उनमें से कुछ का, फ्रेंच अनुवादों के साथ, सार्वजनिक पाठ भी संस्थान में आयोजित हुआ था। उसके निदेशक प्रोफ़ेसर एलाँ सूपिओ का आग्रह है कि इन कविताओं के फ्रेंच अनुवाद की एक पूरी पुस्तक निकलना चाहिए। उम्मीद है, यथासमय यह सम्भव होगा। यह दूसरी बार है कि फ्रांस के किसी शहर में रहकर इतनी सारी कविताएँ लिखी हैं। पहली बार यह आविन्यों में सम्भव हुआ था और उसी नाम से एक संग्रह पूर्व प्रकाशित है।

हमारा समय, दुर्भाग्य से, ऐसा लगता है कि वह समय है

जिसमें दरवाज़े तेज़ी से बन्द हो रहे हैं और अँधेरा बढ़ता जा रहा है जिसे चकाचौंध ढाँप नहीं पा रही है। ऐसे में कई बार कविता दरवाज़े के होने और उसके खुल सकने की उम्मीद में दी गई दस्तक हो सकती है। सख़्ती से बन्द और पूरी मुस्तैदी से अपने बन्द होने का बचाव करने वाले दरवाज़े, हो सकता है, आख़िरकार न खुलें पर कविता दस्तक तो दे ही सकती है। यह उम्मीद भी कर सकती है कि उसकी दस्तक से कहीं, हवा में सही या अधर में, कोई दरवाज़ा खुलता है—खुल सकता है। इस संग्रह में अगर आपको ऐसी कोई दस्तक सुनाई देती है तो मेरी कोशिश पूरी तरह से विफल न जाएगी।

25 दिसम्बर, 2012
नई दिल्ली

—अशोक वाजपेयी

क्रम

अपने हाथों से उठाओ पृथ्वी

टोकनी

यकायक पता चला कि टोकनी नहीं है।
पहले होती थी
जिसमें कई दुख और हरी-भरी सब्ज़ियाँ रखा करते थे,
अब नहीं है—
दुख रखने की जगहें धीरे-धीरे कम हो रही हैं।

[28 जुलाई, 2010]

छाता

छाते के बाहर ढेर सारी धूप थी
छाता-भर धूप सिर पर आने से बच गई थी।
तेज़ हवा को छाता
अपने भर रोक पाता था।
बारिश में इतने सारे छाते थे
कि लगता था कि लोग घर पर बैठे हैं
और छाते ही सड़क पर चल रहे हैं।
अगर धूप तेज़ हवा और बारिश न हो
तो किसी को याद नहीं रहता
कि छाता कहाँ दुबका पड़ा है।

[28 जुलाई, 2010]

जूते

जूते नहीं थे।
उनमें पैर नहीं थे।
बीच-बीच में उनमें फफूँद लग जाता था
क्योंकि कोई पहनता नहीं था।
निरुपयोग से वे कुछ सख़्त भी पड़ गए थे।
उनके तलों में धूल या कीचड़ नहीं लगा था।
उन्हें कोई हटाता नहीं था
क्योंकि वे दिवंगत पिता के थे।
फिर एक दिन वे बिला गए :
शायद अँधेरे में मौक़ा पाकर
वे ख़ुद ही अन्त की ओर चले गए।

[28 जुलाई, 2010]

इस तरह लिखता हूँ

इस तरह लिखता हूँ
वनस्पतियों और वृक्षों के हरे उजाले में
बैठा हुआ,
कल शाम के भूमध्य सागर पर उगते
अरुणाभ पूर्णचन्द्र को
प्रणतिपूर्वक याद करता हुआ,
जैसे कोई प्राचीन होऊँ
अकस्मात् काल के भवसागर के इस पार
आ लगा।
इस तरह लिखता हूँ
जैसे भाषा से नहीं,
कालकोष से उठाता हूँ शब्द।
इस तरह लिखता हूँ
जैसे सब कुछ थमने के पहले
कुछ ठिठका हुआ है
शब्द-सा, काल-सा, वृक्ष-सा, हरीतिमा-सा।

[2009]

एक पत्ती बुलाती है

एक पत्ती बुलाती है
समूचे जंगल को...
उसकी वृक्षराजि, हिंस्र पशुओं,
चहचहाते पक्षियों,
अँधेरे में कुलबुलाते बीजों,
उजाले में दमकते प्रस्फुटनों
और आकाश की ओर ताकते पल्लवनों को।
एक पत्ती हरी दस्तक है...
वह सुगबुगाहट है,
वह कभी पूरी न हो सकने वाली
कविता का आदि शब्द है।
वह एक हरी शिखा है
जिसमें होने, हो सकने का उजाला है।

एक पक्षी
प्रकृति की विनयपत्रिका का पहला पद्य है।

[2009]

फिर भी आवाज़ सुनाई देती है

कोई मुझे नहीं पुकारता

न भूरी चट्टानों से लदे-फँदे पर्वत,
न उपत्यका में
एक-दूसरे के बहुत नज़दीक खड़े वृक्ष,
न वनस्पतियों में फैले
हरीतिमा के अनगिनत संस्करण...
कोई भी मुझे नहीं पुकारता।
पक्षियों की लगातार चहचहाहट,
सूखी पत्तियों का चुपचाप
धरती पर गिरना
कुछ भी मुझे सम्बोधित नहीं है।

फिर भी आवाज़ सुनाई देती है
जैसे दूर से यात्रा कर आया
प्यासा-थका ईश्वर
किसी प्राचीन घर में पानी के लिए
दस्तक देता है।

वह मुझे नहीं पुकारता
पर उसकी प्यास, उसकी दस्तक
आवाज़ में सुनाई देती है।

[2009]

भले

भले वृक्ष मुझसे कुछ न कहे
उसके नीचे बैठकर
उससे बतिया सकता हूँ।

भले अनसुनी कर दे मेरी पुकार
पर्वत से शिकायत कर सकता हूँ
उसकी नीरव उदासीनता के बारे में।

भले झरने का निर्मल जल बहता रहता है
बिना इसे हिसाब में लिये
कि अंजलि-भर जल ले रहा हूँ,
उसके किनारे गा सकता हूँ,
एक मधुर सा शोकगीत।

मेरी परवाह किए बिना
पक्षी करते रहे अपना संवाद,
उन्हें अपने मौन में
शब्दों के घोंसले में
न्योत सकता हूँ कुछ देर सुस्ताने के लिए।

यहाँ से जितनी दूर है ईश्वर
उतने ही पास है उसकी
अहरह बरसती करुणा
उसे अपनी कविता की दहलीज़ से
पुकार सकता हूँ
जैसे वह मेरा पुराना पड़ोसी हो
बरसों बाद मुहल्ले में लौटा हुआ।

[2009]

अब सब कुछ को

मैं अब सब कुछ को एक साथ पुकारना चाहता हूँ
ऐसी आवाज़ में
जिसमें मटमैले शब्द,
वनस्पतियों की गन्ध,
पक्षियों की चहचहाहट,
पृथ्वी का उत्साह,
आकाश का मौन सब गुँथे हों
और जिसमें ब्रह्मांड का शून्य गूँजता हो।
जो सबको वहीं सुनाई पड़े जहाँ वे हैं।
ढहते पर गरमाहट-भरे घरों में,
अलक्षित बियाबानों में,
बेसुध नदी तटों पर,
बड़वाग्नियों और अरण्यों में छुपे बिलों में,
बार-बार गुल होती बिजली की रोशनी में पुस्तकों के पास,
चकाचौंध के तले अँधेरों में,
चन्द्रमा की तरफ़ तेज़ी से बढ़ते यान में।

मुझे कुछ कहना नहीं है
क्योंकि बरसों बाद अब पता चला है

कि दरअसल आख़िरकार हमारे पास कहने को
कुछ नहीं होता : न अलविदा, न शुभकामना, न प्रार्थना।
मैं सिर्फ़ उन्हें, सबको जो जहाँ हैं वहाँ
यह जताना चाहता हूँ
कि उनका वहाँ वैसे होना
सबसे उजली सचाई है,
ऐसी कि उनमें से हरेक के बिना
सच न तो पूरा होता है, न सच हो सकता है।
इस सचाई को कोई समो नहीं सकता।
उसे कविता में सिर्फ़ पुकारा जा सकता है।

[2009]

अपने हाथों से उठाओ पृथ्वी

अपने हाथों से उठाओ पृथ्वी,
क्योंकि तुम मनुष्य हो,
देवताओं की तरह निष्पाप नहीं हो,
क्योंकि तुम्हारे हाथ,
तुम्हारे शब्द, तुम्हारी कविता,
तुम्हारी जिजीविषा और आकांक्षा
सब मटमैले हैं—

अपने हाथों से उठाओ पृथ्वी
जो छह महाद्वीपों में बँटी होने के बावजूद
घायलों का, बेघरबारों का,
अकारण मारे जाने वालों का एक विशाल महाद्वीप है।

अपने हाथों से उठाओ पृथ्वी
और महसूस करो कि
कभी हरी-भरी, कभी भूरी-सूखी
उसकी वत्सलता कभी चुकती नहीं है
कि वह तुम्हारे गुनाहों को
फेंकती जाती है विस्मृति के क्षमादानों में।

अपने हाथों से उठाओ पृथ्वी
क्योंकि उसकी रेत और धूल में,
उसके पानियों और वनस्पतियों में,
उसकी असमय सूख रही नदियों
और अकाल–नग्न हो रहे पर्वतों में,
उसकी अँधेरी खोहों में,
उसके उजले अँखुवाते बीजों में
अब भी आशा बची है
भय से दुबककर कोने में
अँधेरे में बैठे किसी कीड़े की तरह
अपने आशातुर हाथों से उठाओ पृथ्वी।

अपने हाथों से उठाओ पृथ्वी
क्योंकि उसके पास
आँसुओं का पैतृक नमक है,
क्योंकि उसके पास
गान की सघन मधुरिमा है...
क्योंकि वह अब भी
गीली मिट्टी का लोंदा है
जिसे तुम अपने हाथों से
सूर्य की तरह उज्ज्वल और उत्तप्त,
आकाश की तरह असीम
गढ़ सकते हो

अपने हाथों से उठाओ पृथ्वी।

[2009]

तेज़ी से क्यों?

हम उससे कुछ दूर तो आ ही गए हैं
और इस मुकाम पर
पिछली सदी के दुख को हम कुछ कात सकते हैं।
पर उसके लिए ज़रूरी धीरज, हुनर और फ़ुरसत
सब कुछ हम गँवा चुके हैं...

दूर से दुख, भले वह करोड़ों का रहा हो,
जिनका संहार हुआ और जिन्हें उसका कारण
या अपना दोष तक पता नहीं चला,
रंगीन-सा लगता है,
—लाल-काला धब्बा
जिसे देर-सबेर
धो-पोंछकर मिटा दिया जाएगा।
यह बना रहेगा कुछ देर
वृत्तान्तों और संस्मरण की पुस्तकों में
जिन्हें फिर देखना-पढ़ना बन्द हो जाएगा।
हमारी स्मृति उतनी दूर तक
जाना भूल जाएगी
और, जो भी हो,

किसी भी इतिहास में
निर्विवाद बखान सम्भव नहीं होता।

जिस अनन्त वर्तमान में रहने को अब हम विवश हैं
उसमें स्मृति की जगह नहीं बची है,
याद करना अपने को गुनाह में शामिल करना है।

हम भूलते हैं
क्योंकि भूलना हमारे समय की आदत बन गया है
हम भूलते हैं
क्योंकि वैसा कर हम अपना पल्ला झाड़ सकते हैं।

हम पसोपेश में हैं कि क्या करें।
हम सुनते हैं कविता को, एक चेतावनी की तरह
जो लाल बत्ती होने पर
न रुकने वालों को दी जाती है।

हमारी मुश्किल यह नहीं है कि हमारे पास समय नहीं है।
हमारी मुश्किल है हमारी हड़बड़ी।

हर कहीं समय पर पहुँचने की होड़ में
हम हर कहीं
देर से पहुँचते हैं,
और उत्सव हमारी प्रतीक्षा किए बिना
सम्पन्न हो चुका होता है।

हमारी समझ में यह आना मुश्किल है
कि यह नई सदी इस क़दर तेज़ी से क्यों बीत रही है!
जैसे कि उसके खून-रँगे हाथों में अधमरा अन्तःकरण
हमने नहीं किसी और ने थमाया है
और हम सिर्फ़ दूर बैठे तमाशाई हैं।

[2009]

शुरुआत की अँधेरी शाम

जाड़ों की शुरुआत की अँधेरी शाम
एक घर है
जिसके दरवाज़े पर चन्द्रमा नहीं है
और जिसकी खिड़की पर
कुछ अँधेरा, कुछ पत्तियाँ, कुछ थकान
मुरझाए फूलों की तरह लटके हैं।
बिना ठिठके सब कुछ चल रहा है।
हम सब एक मार्ग है
जिस पर से सब कुछ को
निर्बाध गुज़र जाना है।

इस प्रार्थनाहीन समय में
फिर भी सुनाई देती हैं
कुछ पवित्र पदचापें,
कुछ अनुगूँजें,
हम कुछ अभय-अक्षय से
दूर जा रहे हैं।

घर का कोई पड़ोस नहीं है,
जो था वह बेघरबार हो चुका

इस छन्दहीन पल में
फिर भी एक टूटी-बिखरी लय
लपेटती है दृश्य को,
कुछ हमें
अन्तिम आश्वासन दे रहा है।

कोई नहीं लौटता
जो जाने के लिए बना है
उस पर लौटा नहीं जा सकता।
लौटने के रास्ते हम अभी तक बना नहीं पाए हैं।

[2009]

वृन्द से बाहर

एक नीरव विराट वृन्दगान में
काँपती हैं पत्तियाँ,
उनमें स्पन्दित हरीतिमा,
उनके नीचे कहीं
शान्त बहता झरने का निर्मल जल—

उन सबको अपनी कायाहीन उज्ज्वलता में
थामे हुए
वह भी एक वृन्दवादक है
अपने मौन को अस्वरित रखे हुए।

कभी-कभी
उसका विलाप
स्वरों के वितान से बाहर
सुनाई देता है
टुकुर-टुकुर कुछ नहीं को ताकते
एक पक्षी को।

धरती का अकथ उल्लास
आकाश का उदात्त धीरज

उसे होने के कगार पर लाकर
मुक्त छोड़ देता है—
वृन्द से बाहर।

[2009]

मित्रहीन आकाश

धीरे-धीरे सब मित्र छोड़कर चले जाएँगे :
कुछ जल्दी में अपने सूटकेस में चप्पलें रखना भूलकर,
कुछ अपनी नाराज़ी और विफलताओं से त्रस्त होकर,
कुछ चकाचौंध की ओर जाने की हड़बड़ी में,
कुछ अलविदा के सटीक शब्द याद न कर पाने की झल्लाहट में,
सब चले जाएँगे।

कुछ इसलिए कि तुमने उनका ऐन वक़्त पर साथ नहीं दिया,
कुछ इसलिए कि तुमने अपने और उनके बारे में सच बोलने की जुर्रत की,
कुछ इसलिए कि उन्हें अपनी दुष्टता के मुक़ाबले तुम्हारी दुष्टता ज़्यादा
असह्य लगी,
कुछ इसलिए कि उन्हें तुमसे अब कोई लाभ नहीं मिल सकता था,
कुछ इसलिए कि तुम्हारे साथ होना हानिकारक हो सकता था।

वे चले जाएँगे
तो उनके साथ बिताए समय, बहसें, झगड़े,
साझे सुख और दुख,
चिथड़े हुए सपने और न टाले जा सके दुस्स्वप्न,
मिलकर की गई घातें,

साथ मिलकर सहे गए आघात भी
चले जाएँगे? शायद, शायद नहीं।

जो बचेगा मित्रहीन आकाश
उस पर खिड़की बन्द कर
तुम बुदबुदाओगे 'अलविदा, मित्रो'
और अपनी मटमैली मेज़ पर पड़े
कुछ काग़ज़ों को सहेजोगे
जिन पर कुछ लिखना
बहुत दिनों तक मुमकिन नहीं होगा।

[2 अक्टूबर, 2010]

अपने शब्द वापस ?

इस मुक़ाम पर आकर कैसे कहूँ
कि अपने शब्द वापस लेता हूँ :
यह कह सकने का विनय तो है
पर अब तक वह साहस नहीं
जो अन्त के नियराने पर हो पाता है।

यह मानने का कोई कारण नहीं है
कि उन शब्दों से
जिन्हें घायल किया या अपमानित
वे उन्हें अब तक भूल नहीं पाए हैं :
उनके पास और काम और चिन्ताएँ होंगी,
उन शब्दों को याद रखने के बजाय।
लोग चीज़ें सहेजकर रखते हैं
अपने घरों को गोदाम बना देने की हद तक,
उनके पास शब्दों के लिए धीरज और जगह कहाँ!

शब्दों का इतिहास होता है
पर मेरे शब्द उसमें होंगे
ऐसी दुराशा करने का कोई आधार नहीं।

चकाचौंध और शोर-गुल का समय है :
बहुत सारों का बहुत सारों से लगातार बतियाने का समय है,
बहुत कुछ के न सुने जाने का समय है,
शब्दों के लगातार कम पड़ते जाने का समय है,
ऐसे में अपने शब्दों को वापस लेने से
क्या फ़र्क पड़ता है!
सचाई, शब्दों से, कम-से-कम मेरे शब्दों से
दूर जा चुकी है
और अब तो यह मानना तक मुश्किल है
कि वह कभी इन शब्दों में थी।

[2 अक्टूबर, 2010]

क्या यही बचता है ?

धूलधूसर मुकुट,
रथ के जर्जर पहिए,
अन्त:पुर में विलाप के बाद का मौन,
ओठों पर अर्द्धस्फुट प्रार्थना
और इन सबसे उदासीन
पास के पेड़ पर फुदकती गौरैया
और उसकी एक डाल पर
हरी पत्ती को धीरज से कुतरती एक इल्ली
क्या यही बचता है अन्त में ?

शब्दों के प्रासाद,
लयों के स्थापत्य,
अनुगूँजों का सुघर विन्यास,
क्या ऐसे धूमिल हो जाते हैं
कि उन्हें बूढ़ी आँखों से देख पाना सम्भव नहीं होता ?

न हँसी, न विलाप,
न अपने होने
या व्यर्थ होने पर कोई दया—

कुछ भी काम नहीं आता।

कई बार रोटी के कुछ सूखे टुकड़े
और बासी-ठंडी दाल बचती है
जिससे अब न लगने वाली भूख
शान्त होती है।

हाँ, थोड़ा पानी हर हालत में बचा रहता है,
मुँह धोने
और पीने के लिए।

इन सबके बीच अगर कुछ हिलगे शब्द भी बचते हैं
तो उन्हें टटोलने के लिए
हाथ उत्सुक नहीं होते।

[2 अक्टूबर, 2010]

ऐसा क्यों हुआ?

सुन्दरता बचती है हमारे बिना भी—
हम बहुत थोड़ी सुन्दरता रच पाते हैं,
बल्कि शायद वह भी नहीं।

हमें भ्रम है कि हम साहसी थे :
जब साहस की सबसे ज़्यादा दरकार थी,
हम आगे की क़तार में नहीं थे।

हमारे अनुराग सच्चे और गहरे थे
पर हमारे जोखिम अपर्याप्त,
हम संसार से प्रेम करते थे
पर उसके गुणगान में
हम हमेशा हिचकते रहे।

हम विफलता की सार्थकता पहचान न पाए
और चकाचौंध के लालच से
बच नहीं सके।

हमें मुक्ति की आकांक्षा थी, तलाश नहीं।

हम वहाँ तक गए
जिसके पार जाने में ख़तरा था,
हम ठिठक गए
क्योंकि हमें लौट पाने का कोई आश्वासन नहीं था।

हमारी कथा अद्वितीय नहीं है :
सबके साथ यही होता है—
फिर भी हमें यह दुख है
कि हमारे साथ ऐसा क्यों हुआ!

[2 अक्टूबर, 2010]

मंडला के रास्ते कुछ कविताएँ

कौन जानता है ?

पेड़ से गिरी सूखी पत्ती
जो अटककर पड़ी रह गई
पियराती घास पर—

नदी के किनारे
हरियाती घास में खिला
अचकचाया फूल—

आकाश के अतल में
टूटकर गिरा
एक अनाम नक्षत्र—

कौन जानता है ?

[2012]

वहीं पर क्या अधूरी रह जाएगी

हरी घास की नोंक से टपका
ओस–आँसू,
सहमता हाथ पसीजता हुआ,
खिड़की के काँच पर
हिलगी रह गई
बारिश की आख़िरी बूँद :

वहीं पर
कथा
अधूरी
रह जाएगी।

[2012]

चुपचाप कुछ भी नहीं था

अपनी पत्तियों से घिरा पेड़
थोड़ी दूर पर
अब कहीं नहीं जा रही सीढ़ियाँ
वहीं पर रखा
और भुला दिया गया
मिट्‌टी का बरतन

चुपचाप कुछ भी नहीं था।

[2012]

पलाश के अन्तिम दिन हैं

पलाश के अन्तिम दिन हैं :
फूलों के,
वृक्षों के नहीं।
वृक्ष तो बने रहेंगे
शायद पत्रहीन
या लगभग गंजे।
पर पलाश के अन्तिम दिन हैं।

उनकी सुलगती सुषमा
उनका अपने होने का रंगारंग इज़हार
नहीं रहेंगे।
थोड़ी देर वृक्षों के नीचे की जमीन पर
नारंगी बिछावन होगा
सूखे मुरझाए फूलों और पँखुरियों का—
फिर सब कुछ धूसर हो जाएगा :
पलाश के अन्तिम दिन हैं।

किसको याद रहेगा कि

ग्रीष्म से पहले
वनखंडी में आग लगाते वे थे :
पलाश के अन्तिम दिन हैं।

[2012]

नान्त

तीन कविताएँ

एक

मेरा नाम लिये बिना कोई मुझे पुकारता है :
आकाश की अबूझ नीलिमा से,
हरियाली में खिल आए अचानक फूलों से,
कविता में अकस्मात् हो गए
शब्दों के बीच के मौन से—
कोई मुझे पुकारता है।

दो

उसे प्यार करना
असीम आकाश की नीलिमा हो जाना है,
नदी में मिलने वाले पानियों की गहराई हो जाना है,
हो जाना है
शब्दों के बीच की चुप्पी
एक असम्भव कविता में,
जो लिखी नहीं गई और
विफलता में ही आज़माई गई।

तीन

पंखों पर उगता है आलोक,
ओस गिरती है पत्तियों पर,
पगडंडी भटकती है घास में,
मुझ पर
मानो कि एक पृष्ठ पर
वह लिखती है
एक रहस्य-कविता।

[नान्त, 14 मई, 2012]

विनय-गीत

सूर्य से मैंने कहा :
थोड़ा-सा अपना उदय और अस्त दो,
थोड़ी सी लालिमा और कुछ ताप
ताकि मैं प्यार कर सकूँ।

मैंने आकाश से प्रार्थना की :
थोड़ी-सी अपनी नीलिमा,
अपनी असीमता मुझे दो
ताकि अपने प्यार में
उन्हें मिला सकूँ।

मैंने हवा से कहा :
वहाँ तक बहकर जाओ जहाँ मेरा प्यार रहता है
और हलकी-सी दस्तक उसके दरवाज़े देकर
उसे बताओ
कि उसकी प्रतीक्षा हो रही है।

[नान्त, 14 मई, 2012]

यह जो हमें पुकारता है

यह जो हमें पुकारता है
कभी लौट आने के लिए
कभी आगे बढ़ जाने के लिए,
यह जो हमें पुकारता है
नदी-पुल पर जमे कीचड़ की ओट से,
पँखुरियों के बीच क़ैद पराग से,
किसी रेस्तराँ में अकेली बैठी लड़की की हँसी से,
यात्रियों की प्रतीक्षा में मनमारे बैठे
बस के ड्राइवर की उदासी से;

यह जो हमें पुकारता है
किसी प्राचीन ग्रन्थ की सहमी हुई गन्ध से,
किसी झरोखे पर पल भर के लिए ठिठकी बूढ़ी छवि से,
हरी घास पर दौड़ते बच्चे की किलकारी से;

यह जो हमें पुकारता है
किसी हृदय में घिर आए सुनसान से,
किसी आत्मा की तलछट में जमे कलुष से,
किसी अरण्य में भटकते मृग-शावक की भयभीत आँखों से,

किसी नदी-तट पर आ लगी पशु-अस्थियों से;

यह जो हमें पुकारता है
शब्दों से, पंखों से, धुएँ से,
कोहरे और आवाज़ों से,
लयों और विलयों से,
चीख़ से, अट्टहास से, विलाप से;

यह जो हमें पुकारता है
चौक-बाज़ार की शोर-गुल मचाती भीड़ से,
मन्दिर के पास बैठे भिखारी की झोली में छिपे
सिक्के की अनसुनी खनक से,
किसी ख़याल में अटकी रह गई विकल तान से,
धू-धू कर जलती चिता की लपटों से;

यह जो हमें पुकारता है
बरसात में न सूखे कपड़ों की गन्ध से,
झन्न से गिरकर टूटे काँच की एक अनदेखी किरच से,
क्या सिर्फ़ यही कहता है :
यह अपार जीवन है—
यह उसके धुर पड़ोस में
प्रतीक्षारत काल है—
और उनमें फँसे हम हैं!

[नान्त, 22-23 मई, 2012]

बालटी

बालटी थी :
नहानघर से बाहर बहुत कम निकली थी,
जब-तब भरती और
फिर देर तक ख़ाली हो जाती थी।
पानी कम हो रहा है, अकसर कम पड़ जाता है—
बालटी का ख़ालीपन बढ़ता रहता है।
वह भरेपन का सपना अब कम देखती है,
उसने अपने ख़ालीपन के भूरे सच को
आत्मा की तरह जकड़ रखा है।

[नान्त, 22 मई, 2012]

सब कुछ बीत जाता है

सब कुछ बीत जाता है—
समय और सपने,
पीठ का दर्द और
दाँतों के बीच फँसे रेशे की अकुलाहट,
बिना सवारी
दूर तक खींचे गए सूटकेस का थकाऊ बोझ,
हरियाली से घिरकर
सघन हुआ उल्लास, पँखुरी-पँखुरी खुलती देह—
सब कुछ बीत जाता है।

सुबह की चिड़िया की तरह
स्मृति फुदकती है
इधर से उधर
तेज़ी से याद आती और धूमिल पड़ती
छवियों पर—
कोने में अनबुहारे पड़ा
सपनों का कचरा,
अन्तःकरण पर छब गया कीचड़—
सब कुछ बीत जाता है।

शाम की आख़िरी ट्रेनों के बाद
सुनसान पड़े प्लेटफ़ॉर्म पर
हम खड़े रहते हैं
बिना जाने कि अब रैनबसेरा कहाँ होगा?
सब कुछ बीत जाता है—
सुनसान भी, शाम भी, रैनबसेरा भी।

[नान्त, 22 मई, 2012]

यह जो

यह जो
नदी के सागर में विलीन होने से पहले
उसके पानियों से बहते-बहते
उठता है एक गान,

यह जो
पवित्र अँधेरे गलियारों में
धीरे-धीरे उठती है एक प्रार्थना,

यह जो
कामना के सघन अँधेरों में
चमकती है एक छोटी-सी कविता,

उसे कैसे पता चले
कि ये सब उसी के नाम हैं?

[नान्त, 23 मई, 2012]

हम वहीं लौटकर क्यों नहीं...

हम वहीं लौटकर क्यों नहीं आ सकते ?
वहीं जहाँ हम बहुत पहले थे—
जब हरियाली से डर नहीं लगता था,
जब हम खिड़की से झाँकते थे
लेकिन किसी की प्रतीक्षा में नहीं,
जब लगता था
कि छूने भर से सब कुछ बदल सकता है ?

जो कुछ इस बीच हो चुका
उसे रौंदते हुए,
जो कुछ आगे होना है
उसे स्थगित करते हुए—
हम वहीं लौटकर क्यों नहीं आ सकते ?

उस सड़क पर खुलने वाला वह दरवाज़ा नहीं रहा,
बग़ल की सिन्धी की दुकान कब की बन्द हो चुकी,
अब छूने से क्या
कुछ भी करने से कुछ भी नहीं बदलता,
अब परछी वाला घर नहीं रहा

और वहाँ सुस्ताते पुरखे भी
पता नहीं कब-कहाँ चले गए—
अब लौटेंगे तो सिर्फ़ हम ही लौटेंगे
बाक़ी सब वहाँ नहीं होगा :
समय उन्हें अपनी गाड़ी में भरकर
कब का कूड़ाघर में फेंक चुका—
हम ही बचे हैं
जो ग़ायब होने की कगार पर
सोच रहे हैं :
हम वहीं लौटकर क्यों नहीं आ सकते?

[नान्त, 26 मई, 2012]

आने दो

आने दो
जितनी हवा
एक थोड़ी-सी खुली खिड़की से आ सकती है
उतनी हवा।

आने दो
जितना पानी
एक नन्ही सी रमझिरिया से रिस सकता है
उतना पानी।

आने दो
उतनी आग
एक सिकुड़ते हृदय की कामाग्नि से छिटक सकती है
उतनी आग।

आने दो
कविताओं में ख़र्च न हो पाएँ
उतने शब्द।

इतना सब अगर आ गया
तो दुनिया भरपूर रहेगी
और कविता भी,
उतनी दुनिया, उतनी कविता!

[नान्त, 26 मई, 2012]

इतनी भर

दुनिया इतनी भर बची है
जितनी एक कविता में आ जाए।

दुनिया इतनी भर है अब
जितनी एक उपन्यास में समा जाए।

दुनिया इतनी भर बाक़ी है
जितनी एक बच्चे की किलकारी में बस सके।

दुनिया इतनी भर बचेगी
जितनी एक खाए फल के छिलके में हिलगी रह सके।

दुनिया उससे बहुत कम निकली
जितना उसके सपने में हम समझे थे।

[नान्त, 26 मई, 2012]

अब तो

अब तो
चीत्कार को भी कोई नहीं सुनता
विलाप की कौन कहे!

अब तो
भरी-पूरी ट्रेन रुकती है स्टेशन पर
लेकिन कोई नहीं उतरता,
न ही चाय वाले से कोई चाय ख़रीदता है!

अब तो
मारा जाता है दिनदहाड़े कोई बीच सड़क पर
और कोई नहीं रुकता!

अब तो
किसी के पास इतना धीरज नहीं बचा
कि इससे लम्बी कविता लिखे या सुने!

[नान्त, 26 मई, 2012]

मैंने

मैंने एक दरवाज़ा खोला :
तो सामने
बुझती-बुझती सी रोशनी में
परीचेहरा लोग चुपचाप
हाथ पर हाथ धरे बैठे थे।

मैंने एक खिड़की खोली :
तो सामने
आकाश में
झिलमिलाते आँसुओं की एक डार
उड़ रही थी।

मैंने कविता से पूछा
तो उसने कहा :
तुम्हारी दुनिया में
अब थोड़ी-सी रोशनी, बहुत सारे अँधेरे
और थोड़े से विलाप के अलावा
अब बचा क्या है ?

[नान्त, 26 मई, 2012]

मृत्यु

मृत्यु की गति तो वैसी ही है
लेकिन अपनों के उसमें शामिल होने की गति
तेज़ हो गई है :

जैसे काल के हाथ में
अपनों की नामावली आ गई है
और वह उसमें जल्दी-जल्दी
चिह्न लगा रहा है।

हर दूसरे-चौथे
किसी के जाने की ख़बर आती है।

तुम्हारी भी बारी आती होगी
सिवाय इसके कि तुम्हें
अपने जाने की ख़बर नहीं मिलेगी।
तुम बस चले भर जाओगे।

[नान्त, 26 मई, 2012]

कौन से

सपने को
कौन से कोमल पाँव रौंदकर चले जाते हैं
ग़ैब की तरफ़?

शब्दों को
कौन सी हँसी मसलकर भाग जाती है
विस्मृति की ओर?

प्रार्थना को
कौन-सा देवता अनसुना कर खिसक जाता है
अनन्त की दिशा में!

हम जिज्ञासा कर सकते हैं
पर कौन उसका शमन करेगा
किसे पता है?

[नान्त, 26 मई, 2012]

हवा में

पक्षी
चलते हैं हवा में
हम उसे उड़ना कहते हैं!

[नान्त, 27 मई, 2012]

कैसे

मैं कैसे यहाँ रुक जाऊँ...
इस नदी-तट पर,
आकाश की इस अपार नीलिमा के किनारे
इन मुट्ठी-भर शब्दों के पास?

मैं कैसे कहूँ
कि बस
इतना काफ़ी है जितना मैंने देखा-सहा
और अब विदा ली जा सकती है?

मैं कैसे मान लूँ
कि जो मेरे बस में था
मैं कह और कर चुका
और अब कुछ बाक़ी नहीं है?

अभी संसार बेहद और सुन्दर है—
अभी बहुत सी चुप्पियों को मुखर होना है—
अभी बहुत सारे लोग मददगार और भले हैं—
अभी मैंने अपना बचपन खेला कहाँ है!

अभी सुबह की नीली चिड़िया ने
अपने घोंसले के लिए
पहला तिनका चुगा कहाँ है!

[नान्त, 27 मई, 2012]

नदी-किनारे

एक

नदी किनारे हरी घास पर
एक लड़की को भिंदरयाकर
चूमता है एक लड़का,
एक कौआ अचकचाकर उड़ जाता है
जैसे उसे कुछ सुन्दर देखना गवारा न हो,
नदी बहती रहती है
अविरल।

दो

उसके किनारे पर
हरी-भरी झूमती वृक्ष-शाखाएँ
नदी से कहती हैं :
हमें भी अपने साथ ले चलो,
अपने साथ बहा ले चलो!
नदी कहती है :
मुझे भी तुम जैसा थिर होने की इच्छा है।

न तुम चल सकती हो : न मैं रुक सकती हूँ!

तीन

नदी-तल से उभर आती है
एक बड़ी चट्टान
जैसे अब तक छुपा-ढँका
कठोर हृदय यकायक प्रगट हो गया हो।

[नान्त, 28 मई, 2012]

इतने सारे रास्ते

नदी।
नदी पर लम्बा पुल।
नदी-किनारे लम्बा रास्ता।
नदी में पानी के कई रास्ते।
बीच-बीच में उड़ते कई पक्षी
बनाते अधर में अपने रास्ते चिह्नहीन।

रास्तों पर लोग, पशु-पक्षी, कीड़े।
सब कहीं न कहीं जाते हुए—
कुछ यों ही भटकते हुए :
हमारे पास पाने-भटकने-गँवाने के लिए
कितने रास्ते हैं!

[नान्त, 14 जून, 2012]

प्रार्थना होने से बच गई कविता

एक

हरी घास पर पड़ी भूरी-कत्थई पत्तियाँ,
नीलाकाश में उड़ती पीली चिड़िया,
प्रार्थना होने से बच गई
थोड़े से शब्दों में बसी कविता।

दो

यह कौन-सी अल्पशब्द प्रार्थना है
जो घिसटकर आ गई है
भाषा के आँगन में?
यह किसके लिए प्रार्थना है
जो वहाँ आई है
जो देवशून्य स्थान है?

तीन

पशुओं और पक्षियों की
तितलियों और कीड़े-मकोड़ों की
वृक्षों, पत्तियों और फूलों की

बादलों, ऋतुओं, हवा की
नदियों, पर्वतों, पठारों और शिखरों की
सागरों, झरनों, जल-प्रपातों की भी
तो प्रार्थनाएँ होंगी
भाषा के अरण्य में
वे किसके लिए हैं?
उन्हें कौन जानता या सुनता है?

[नान्त, 15 जून, 2012]

फिर भी

वह जो देख रहा है, कितना कम देख रहा है!
वह जो सुन रहा है, कितना कम सुन रहा है!
वह जो कर रहा है, कितना कम कर रहा है!
वह जो कह रहा है, कितना कम कह रहा है!
उन्हें पता है फिर भी
ज़िन्दगी में कुछ है
जो न देखा जा सकता है, न सुना!
न किया जा सकता है, न कहा!!
कम है और कितना ज़्यादा है!!!

[नान्त, 16 जून, 2012]

'जोत शब्द उजियारा हो'

शब्द उजियारा है—
हमारे हिस्से क्या इतना ही उजियारा है?

शब्द की आँच में
कभी-कभी कोई सच भी पकता है!
शब्द के घर में
कभी-कभी कोई सच भी बसता है!

बढ़ता-घेरता जाता है निर्भाष अन्धकार,
कितने शब्द हम गँवाते जाते हैं
और बढ़ाते जाते हैं अपनी आत्मा में अँधेरा,
निरपराध बहाया जा रहा खून
अपनी लालिमा के बावजूद
करता दुनिया को कुछ और काला।
इन सबका बखान क्या
थोड़ा-सा उजियारा है?

हम कुछ कहकर

कभी चुप रहकर
क्या शब्द के उजियारे के भूगोल को
कुछ फैलाते हैं ?

[नान्त, 16 जून, 2012]

नदी पर बारिश

बहते पानी पर
गिरता पानी।

बहते पानी को
दुलराता पानी।

बहते पानी को
भेदता पानी।

पानी पर पानी!

[नान्त, 11 जून, 2012]

‘खुले नैन मैं हँस-हँस देखूँ’

खुले नैन से पुकार रहा हूँ
कह रहा हूँ :

हरी घास से
कि पास आओ,
गगन-किवाड़ से
कि पास आओ,
नदी से, प्रपात से,
पर्वतों की ऊँचाई से
पठार के धीरज से;

प्रेम से, शब्दों से
अक्लान्त उदारता से
अधलिखी प्रार्थना से
अनलिखी कविताओं से;

अपने रहस्यों को
सख़्ती से छुपाए हुए
पृथ्वी से—

खुले नैन मैं हँस-हँस कर देखते हुए
सिर्फ़ इतना ही तो कह रहा हूँ :
पास आओ।

[नान्त, 16 जून, 2012]

करो प्रार्थना

करो प्रार्थना
कि हरी पत्तियाँ कुछ दिन और हरी रहें,
पक्षियों की आयु कुछ लम्बी हो,
बहुतों के घर-जीवन में इतनी देर अँधेरा न रहे,
सुरक्षित चकाचौंध में बहुत दिनों तक न रह सकें अत्याचारी और आततायी,
बच्चों में चीज़ों का लालच बहुत न बढ़े,
विचार के गलियारे इस क़दर सूने न रहें,
इतने पथहारे न हों स्वप्नद्रष्टा,
बूढ़े न हों इस क़दर निस्सहाय
और युवा स्त्रियाँ इस तरह बेबस :
करो प्रार्थना।

प्रार्थना करो
कि शब्दों पर भरोसा बना रहे और
किसी भी हालत में वे कम न पड़ें,
कि सहायता की हर पुकार का तुम उत्तर दे सको,
कि साधन भले कम पड़ जाएँ देने की इच्छा में कमी न आए,
कि दुनिया की तेज़ रफ़्तार से भले हमक़दम न रह सको

पर चलने का संकल्प न घटे।

करो प्रार्थना
कि टुच्चे लोगों से भले न बच सको
अपने टुच्चेपन से बचे रहो
और जीवन की तरह
मृत्यु में भी कुछ गरिमा हो।
करो प्रार्थना...

[नान्त, 13 जून, 2012]

पता है !

नदी को पता है
कि हम उसके किनारे खड़े
उसे देर तक दुलार से निहारते हैं ?

चट्टान को कभी ख़बर लगती है
कि हम उस पर बैठकर जब सुस्ताते हैं
तो उसकी बीहड़ सुन्दरता नज़रअन्दाज़ नहीं करते ?

खिड़की को पता चलता है
कि हम उसमें से बाहर की दुनिया
इतनी बार निरखते हैं ?

दरवाज़ा देख पाता है
कि हम उससे होकर अन्दर जाते, बाहर आते हैं
और हमारा आना-जाना उसी में से सम्भव है ?

कभी-कभी लगता है :
नदी हमें प्यार से देख रही है,

चट्टान हमारे चले जाने के बाद उदास हुई,
खिड़की हमारी हरकतों पर मुस्कराती है,
दरवाज़ा जितनी बार खुलता है उतनी बार गहरी साँस लेता है।

[नान्त, 7 जून, 2012]

वही पृथ्वी है

वही पृथ्वी है जो हमें उत्तराधिकार में मिली थी
और जिसे हम छोड़ जाएँगे,
वह आकाश है जो हम पर जन्म से ही छाया है
और हमारे बाद भी ऐसे ही छाया रहेगा,
वही हवा है जो हमारे बचपन से चली थी
और हमारी मृत्यु के पार भी बहेगी।
सब कुछ वही है, वही रहेगा :
फिर हम ही क्यों बीत जाएँगे?
हम ही क्यों कहीं नहीं बच पाएँगे?

[नान्त, 16 जून, 2012]

कहीं कोई दरवाज़ा खुलता है

गहरे नाउम्मीद अँधेरे में
चीख़ों, विलापों और पुकारों के घमासान से
उठता है एक लहूलुहान
लेकिन हार न मानने वाला शब्द;

आत्मा के विजड़ित अरण्य से
सबकी मुक्ति के लिए
एक निराश प्रार्थना;

चकाचौंध के फिसलन-भरे गलियारों में
अपने को जान-बूझकर अनसुना करने वाला
एक विलाप;

कहीं कोई दरवाज़ा खुलता है।

[नान्त, 11 जून, 2012]

क्या संसार ?

क्या संसार पल भर को
सिमटकर चावल के दो दाने हो सकता है
जिसे किसी अज्ञात देवता की पूजा में
सादर रखा जा सके ?

क्या संसार कुछ देर को
गोल होकर एक रोटी हो सकता है
जिसे कई दिनों से भूखी बच्ची को
चुपके से बिना उसके जाने
दिया जा सके ?

क्या संसार सब कुछ को बिसराकर
एक अपौरुषेय शब्द हो सकता है
जिसे कोई युवा कवि
अपनी कविता में पहली बार प्रयोग
कर सके ?

क्या संसार...

[नान्त, 7 जून, 2012]

धूप

धूप में इतनी खिलखिलाती हरियाली
चिड़ियों की ऐसी चहचहाहट
क्या धूप ऐसे ही गाती है
जब थोड़ा-सा अलसाकर
वापस आती है!

[नान्त, 2 जून, 2012]

पृथ्वी भारी पड़ती जाती है

पृथ्वी भारी पड़ती जाती है
भग्न हृदयों के बोझ से,
हम उसे पतंग की तरह
आकाश में उड़ाना चाहते हैं।

पृथ्वी पर जमा होता जाता है
हमारे पापों का कचरा,
हम उसे पुण्य की तरह
साफ़-सुथरा चाहते हैं।

पृथ्वी डूबती जाती है
हमारे विलापों में, हमारे आँसुओं के नीचे
गलती हुई,
हम उसे एक प्रसन्न शिशु की तरह
मुस्कराते देखना चाहते हैं।

पृथ्वी वसुन्धरा है
भग्न हृदयों, पापों,
विलापों और आँसुओं की :

हम उसे
भंगुरता, पवित्रता और किलक का द्वीप
बनाना चाहते हैं।

[नान्त, 6 जून, 2012]

नदियों का मेला

किसी भूगोल में तो सम्भव हो सकना चाहिए कि संसार की सभी नदियाँ एक मेले में आएँ। प्रायः मेले नदी-किनारे होते हैं : नदियों का मेला समुद्र के किनारे हो। समुद्र सभी को अपने में विलय करने की शक्ति को स्थगित करे जब तक मेला चले। छोटी-बड़ी नदियाँ आपस में गलबहियाँ डाले आएँ : अमेज़ान, गंगा, नील, यांग्त्से आदि। पहले कभी न आपस में मिली नदियाँ। अपने उद्‌गम और अन्त को साथ लिये हुए नदियाँ। जिन गिरिमालाओं के बीच बहती हैं उनके प्रतिबिम्ब अपने साथ लाई नदियाँ। अपने कछारों, किनारों और वनस्पतियों की सम्पदा बटोरकर लाई नदियाँ। अमेज़ान से उधार माँगे गंगा कुछ असूर्यम्पश्य वन, गंगा से माँगकर ले जाए अमेज़ान कुछ तीर्थ, कुछ घिस गए देवता।

मेला बढ़ने से पहले नदियाँ मिलकर रचें एक वाद्यवृन्द : एक स्वर उठे धसान से, दूसरा उसे लोके नर्मदा के स्वर से, तीसरे की बढ़त करे अफ़्रीका की नदी और चौथा अनुगुंजित हो लोआर के धीर स्वर से। चुपके से लालची समुद्र भी शामिल कर दे अपना एक रौरव स्वर। नदियों के संगीत से जागे नदियों की देखभाल करने के लिए सदियों से सो रहा देवता, जिसे पता ही नहीं चले कि नदियाँ मेले से लौट रही हैं।

[नान्त, 6 जून, 2012]

सब चल रहे हैं

नदी-तट की गीली मिट्टी पर चल रहा है एक कीड़ा। पता नहीं कहाँ से आई एक विशाल लहर चल रही है समुद्र-तट की ओर। घने जंगल में भोजन की तलाश में अपने शावकों को साथ लिये चल रही है जंगली सूअरनी। अपने नन्हे बोझ से धरती को कँपाता हुआ पुल के किनारे चल रहा है एक बच्चा। अभागे की नींद में बहुत देर से चल रहा है सुख के दिनों का एक सपना। उड़ान से थक या ऊबकर थोड़ी देर के लिए हरी घास पर चल रहा है कीड़े की खोज में एक नीलपक्षी। किसी पुराने शहर पर बरसे बिना नीलाकाश में चल रहे हैं बादलों के झुंड। एक अन्धा अपनी लाठी से टटोलता चल रहा है सड़क पर। जो चल रहा है वही ठिठक, सहम, रुक रहा है पर चलते हुए के बीच। अगर शरीर नहीं चल पा रहा तो मन चल रहा है। माना कि ज़माना ख़राब है मगर चल रहा है।

[नान्त, 6 जून, 2012]

कोई पहरा दे रहा है

थक–ऊबकर लौटा हूँ दिन भर के काम से। बहुत सचाई हो चुकी : अब सपनों में रम का मन हो रहा है। कोई पहरा दे रहा है। सचाई पर नहीं, सपनों पर। कुछ नहीं का कोष इतना विपुल क्यों है? उस तक पहुँचने का मार्ग इतना दुष्कर क्यों? उससे कुछ निकाला नहीं जा सकता : कोई पहरा दे रहा है। कई असम्भव शब्दों को लाना चाहता हूँ अपनी कविता में प्राचीन ग्रन्थों और पांडुलिपियों से। अटपटेपन का ख़तरा उठाकर। पर कर नहीं पा रहा हूँ। कोई पहरा दे रहा है।

जो हो सकता है पर हो नहीं पा रहा है उसकी सरहदें खींची जा चुकी हैं। कोई हिम्मत नहीं कर रहा है। कोई पहरा दे रहा है।

[नान्त, 6 जून, 2012]

लोग प्रतीक्षा करते हैं

आता है आततायी सब कु छ को ध्वस्त करता हुआ, खूनी हाथों से पवित्रता की रक्षा करने का नाट्य करता हुआ : दिग्विजय के अश्व पर अटल। लोग उसके पतन की प्रतीक्षा करते हैं। वे चुपचाप खोदते हैं गड्ढे जिसमें रथ गिरेगा एक दिन।
आता है समय सभी को नीचा दिखाते हुए जैसे वही नहीं बीतेगा, बाक़ी सब हो जाएँगे ग़ायब। अपने निहत्थेपन में लाचार लोग प्रतीक्षा करते हैं कि बेहतर दिन आएँगे।
आती है मृत्यु, अपने लबादे में सब कुछ को लपेटकर ले जाने के उत्साह में। दंगे के बाद की राख में बचा रह जाता है एक दुधमुँहा बच्चा। लोग आते हैं उसे अपने साथ बचाकर ले जाते हुए। लोग प्रतीक्षा करते हैं।

[नान्त, 6 जून, 2012]

जब-जब

जब-जब हरी घास पर सुबह-सुबह की धूप में ओस अपनी नियति पर बिलखती है,
जब-जब कैफ़े में देर तक एक कॉफ़ी के प्याले पर गुज़ारता है असह्य निरर्थक समय एक अधेड़,
जब-जब कूड़े के ढेर से चुपके से निकलकर रास्ते पर रौंदे जाने के लिए अभिशप्त कीड़ा रेंगता है,
जब-जब एक दिवंगत कवि किसी युवती के हाथ में अकस्मात् आ गई पुस्तक में अपनी कविता में पल भर को जीवित होता है,
जब-जब किसी युद्ध में मारे गए शव से रिसता ख़ून वहाँ अचानक आ गई चींटियों को दिग्भ्रमित करता है,
जब-जब किसी खोह में दुबकी बैठी बिल्ली धुर ठंड में शिकार की तलाश में बाहर आती है,
जब-जब एक युवा माता बेपरवाह अपना एक कुचाग्र अपने शिशु के मुँह में देती है,
जब-जब अपने अन्त के पहले एक आदमी अपनी पूरी ज़िन्दगी को एक चादर में लपेटकर अपने सिरहाने रखता है,
जब-जब बिना भरोसा किए एक युवक उठाता है प्रार्थना में अपने हाथ और झुकाता है अपना माथा,
तब-तब ईश्वर बिना दस्तक अपना भारी-पुराना दरवाज़ा खोलता है—

[नान्त, 7 जून, 2012]

नदी कुछ कहती रहती है

दिनदहाड़े गाहेबगाहे रात-बिरात नदी धीमे-धीमे कुछ कहती रहती है।
हम अनसुनी करते हैं क्योंकि हमें उसकी भाषा नहीं आती।
हो सकता है वह कहती हो :
मुझे इतना बाँध क्यों रहे हो? मुझे मुक्त अबाध बहने क्यों नहीं देते?
हो सकता है वह विलाप करती हो
कि उसका इतना सारा जल व्यर्थ बहता रहता है,
बिना किसी के काम आए!
हो सकता है कि उसका कहना हो
कि तुम मेरे संसार हो,
मुझमें प्रतिबिम्बित गिरिमाला और हरे-भरे कछारों को,
मुझमें समाई हुई मछलियों और जल-वनस्पतियों के संगीत को इस क़दर
अलक्षित अनसुना क्यों करते हो!
मैं नदी नहीं एक स्पन्दित संसार हूँ!
मैं एक अहरह लिखा जा रहा प्रेम-पत्र हूँ
जो सागर को लिखा जा रहा है—
मैं एक प्रार्थना हूँ सजल
जो किसी अदृश्य ईश्वर को सम्बोधित है—

मैं एक यात्रा हूँ जो जल करता है जल की ओर!
नदी कुछ कहती रहती है
और हम समझ नहीं पाते।

[नान्त, 7 जून, 2012]

वहाँ कौन जा रहा है?

वहाँ जहाँ आकाश झुककर धरती को चुपके से चूम रहा है,
वहाँ जहाँ वृक्ष झुककर हरी घास को छू रहे हैं,
वहाँ जहाँ एक नीली चिड़िया एक पीले फूल को कुतर रही है,
वहाँ जहाँ एक बिल्ली एक कबूतर को अपने मुँह में दबोचे भाग रही है,
वहाँ जहाँ एक लड़की अपना प्रेम-पत्र लिखने कोने में छुपी बैठी है,
वहाँ जहाँ एक सैनिक अपनी बन्दूक़ से एक बच्चे को बेवजह दाग रहा है,
वहाँ जहाँ एक बूढ़ा अख़बार से ऊबकर सूनी आँखों से शून्य में ताक रहा है,
वहाँ जहाँ एक कहानी उपन्यास बनने से ठिठक रही है,
वहाँ जहाँ किसी प्राचीन भवन की एक ईंट सदियों बाद खिसक रही है,
वहाँ जहाँ एक बच्चा अनदेखा दरवाज़े से निकलकर सड़क पर चला आया है,
वहाँ जहाँ मौन के कगार पर लड़खड़ा रहा है शब्द,
वहाँ कौन जा रहा है
इस कविता के अलावा?

[नान्त, 12 जून, 2012]

'जागै अरु रोवै'

खाकर वे सो रहे हैं
जागकर हम रो रहे हैं!

क्या यह तय था
कि ज़्यादातर सोएँ
कि कुछ ही जागें और रोएँ?

सोने वालों में से कुछ की नींद में
क्या कभी कोई सपने नहीं जागते,
कोई विलाप नहीं उभरता?

कविता सब कुछ के बीतने पर
अविरल विलाप है—
पर जो हँस-खेलकर
अपने दिन बिताना चाहते हैं
वे क्योंकर इस विलाप पर ध्यान दें?

[नान्त, 16 जून, 2012]

इतना वक़्त कहाँ था!

इतना वक़्त कहाँ था
कि हम ठहरकर
अपने किए-धरे के नतीजों को परख पाते,
हमें पता चलता
कि हमारा संसार हमसे ज़्यादा
बहुत सारे दूसरों से बना है,
हम जिसे अनदेखा करते हैं
वह हम पर हावी होने वाला है!

इतना वक़्त कहाँ था
कि हम समझ पाते
हमारी भाषा में अहंकार भले न हो
विनय भी नहीं था,
हम गहरे पैठने से बचते रहे
और शब्द सतह पर ही तैरते रहे,
हमारे पास धीरज तो बहुत था
पर सचाई देख पाने की ताब नहीं।

इतना वक़्त कहाँ था—

कि हम वक़्त के गोरखधन्धे को समझ पाते,
हम उसकी कठपुतलियाँ हैं
जिन्हें वह कुछ देर नचाकर
घूरे पर फेंक देता है,
वैभव आख़िरकार ध्वस्त होता है
फिर भी उसकी आकांक्षा कभी मरती नहीं है।

[नान्त, 17 जून, 2012]

'खुल गए गगन-किवाड़'

जब धरती के सारे किवाड़ बन्द हो चुके होंगे
क्या तभी खुल पाएँगे गगन-किवाड़?

क्या सम्भव नहीं है
धरती के ही किसी किवाड़ से
गगन के किसी किवाड़ तक पहुँचना
ऐसे कि धरती न छूटे
और गगन पास में आ जाए?

क्या सम्भव है
कि धरती का कोई किवाड़ हम खोलें
और गगन-किवाड़ खुल जाए?

क्या सम्भव है
कि हम पहचान पाएँ
कि धरती के किवाड़ ही
अन्ततः गगन-किवाड़ हैं—

कि गगन कुछ और नहीं
धरती ही है
ऊपर दीखती हुई!

[नान्त, 16 जून, 2012]

‘अधर मँड़ैया छावै’

कितना अगम है
समय के सघन वन में
ऐसी पगडंडी खोज पाना
जो निश्शंक
अधर तक जाती हो!

कितना दूभर है
शब्दों के घमासान में से
ऐसे शब्द खोज पाना
जो अधर में जाकर
विलीन हो जाने पर आपत्ति न करें!

कितना असम्भव है
अपने घर-बार, अपनी धरती को छोड़कर
अधर में
मँड़ैया छा सकना!

[नान्त, 16 जून, 2012]

'ताते अनचिन्हार मैं चीन्हा'

शब्द तो थे
पर उनसे चीन्ह नहीं पाया
अपना ख़ूँख़ार समय,
अपनी नश्वर नियति,
अपना विफल अन्तःकरण!

शब्द तो थे
पर उनसे चीन्ह नहीं पाया
इधर से उधर फैला-पसरा
अपार अनचिन्हार!

शब्द तो थे
पर उनसे बन नहीं पाई
रहने-बसने के लिए
एक मढ़िया!

शब्द तो थे
पर उनसे खुल नहीं पाया
होने से

न होने तक
जाने वाला पथ!

शब्द तो थे—

[नान्त, 17 जून, 2012]

कहाँ से उठाऊँ शब्द!

कहाँ से उठाऊँ शब्द :
कर्फ़्यू-लगे शहर की सुनसान सड़कों पर
अचानक होने लगे बच्चों के अबोध खेल से,
अपना सब कुछ लुटाने के बाद
नफ़रत से सुलगती स्त्री-आँखों से,
बिला वजह घायल किए गए
नागरिकों के लहू-रिसते घावों से,
कहाँ से उठाऊँ शब्द ?

नदी-किनारे हरी घास पर अलसाते प्रेमी युगल के
उत्तप्त चुम्बनों से,
पत्तियों और फूलों की उल्लसित खिलखिलाहट से,
ईश्वर के घर में सदियों से हिलगी रह गई
हताश प्रार्थनाओं से,
कहाँ से उठाऊँ शब्द ?
असमय मारे गए बच्चों-स्त्रियों की आख़िरी चीख़ों से,
जासूसों की झूठी रपटों से,
अपने निबिड़ शून्य में सिसकते ब्रह्मांड से,
नदी-जल में असहाय डूबे पत्थरों के मौन से,

लिखी न गईं असंख्य कविताओं से,
पुराने शहरों में अभी तक बचे रह गए कुओं से,
नभ में विलीन किसी अदृष्ट नक्षत्र की नियति से,
कहाँ से उठाऊँ शब्द ?

[नान्त, 18 जून, 2012]

●●●